www.ingramcontent.com/pod-product-compliance
Lightning Source LLC
La Vergne TN
LVHW010505160826
845677LV00012B/2673

أخضر

كتاب	:	أخضر
اسم المؤلف	:	جابر الأنصاري
نوع العمل	:	ديوان شعر
عدد الصفحات	:	58 صفحة
تصميم غلاف	:	
تدقيق لغوي	:	
رقم إيداع	:	
ترقيم دولي I.S.B.N	:	9788645965458

نبض القمة للترجمة
جمهورية مصر العربية _ القاهرة

مدير الدار: أ/ وليد عاطف حسني
موبايل: 01116058384
الميل: nabdalqima@gmail.com

أخضر

جابر الأنصاري

ديوان بالعامية المصرية

تصدير

تصدير

(هُوَ الَّذِي خَلَقَكُم مِّن تُرَابٍ ثُمَّ مِن نُّطْفَةٍ ثُمَّ مِنْ عَلَقَةٍ ثُمَّ يُخْرِجُكُمْ طِفْلًا ثُمَّ لِتَبْلُغُوا أَشُدَّكُمْ) قرآن كريم

الإهداء

للناس اللي بتشاور ع الحاجات(بس)

والحاجات النص نص

والطرق اللي مش كاملة

للي عايشين ع الحرف

لبكره

واللي خايفين منه

للزرعة قبل ما تبقى صفرا

والأكل النيّ

للمتعة في الطريق عشان متأكدين إن مفيش وصول

لكل شيء مكسبتهوش في الدنيا وفرحان جداً عشان واثق إن ربنا سايبلي أحلى منه كتير

للون الأخضر في الحياة

الفصل الأول

كما ربياني صغيرا

(خَضار السن)

تالتة أول (الميس منى)

كانت حلوة

أجمل من حصتها شوية

كات بتحضر في الكشكول

الدرس بنفس نظام فستانها

أبلد عيل

كان بيشوف الشرح

اتبسّط من ألوانها

كانت فسحة في نص الحصة

وْكنا نسيب الفسحة عشانها

كانت تضربنا أمّا بتزعل

والضرب زعلها

كان بيخش الفصل وراها ملايكة

وبتكتب هي على السبورة الخير

وافرح ساعة ما تسرّقني

الحتة الفاضلة من الطباشير

كانت تديني كتابي ف باخده بأيدي اليمنى

واقول الجنة منين

وتشوفني ساعات بتأمل في السماوات

تقطفلي نجوم تلزقها مكان الواجب

حصتها اتنين وتلات ف محدش غايب

حتى الخايب

حصتها في وسط اليوم

ضُلّيلة بتكسر مللان الشمس

الله يمسيها بخير كانت

زي الأم إن قالت

مانتش طالع غير بفطارك

فمكنتش بطلع غير وأنا فاهم

وفي غفلة من العالم

حليت الامتحانات السهلة

ونجحت

قابلت الامتحانات الصعبة

ولقيتني بروح فصل ماهياش فيه

الحلم

أنا عارف إني اتأخرت
على بس ما بوستك نشفت من خدي
ولقيتك طولتي معاد الحلم
بين كل ما فين بتعدي
أنا شوفتك واقفة في فرح أختي
مانتيش شبه الصورة اللي في أوضة جدي
هي الجنة بتعمل أيه في الناس
عارفة يا ستي؟
أنت وبس اللي قدرتي
تعملي في الغيبة مكان ليا
أنا كل الناس اللي أعرفهم
كاسرين كاراسيا من الدنيا
أنا حابب بس أحكيلك
الناس والدنيا ولون الزرع
مش زي زمان
أيامنا يا ستي مهيش أيام
كان نفسي تعيشي شوية كمان
وتشوفي

قلب الواد اللي كان بيقول

ارجعي ومعدتيش تموتي

دلوقتي شايل م الحياة كفاية

وزرعت في كل غيطان العالم خير

وفي آخر المحصول مفلحش معايا

الموت لو جاني يا ستي

أنا همسك فيه واتشعبط

وكأن كلاب الدنيا بحالها بتجري ورايا

هحكيلك عن سلمى في مرة

وْعني في سن العشرين

هحكي وهحكي وهحكي

وكلامي لحد ما هوصل لك ميكفيش

القعدة معاكي تعوز ميت حلم

ولكني بقوم الفجر لأكل العيش

المرة الجاية يا ستي هجيبك

وهغمي عنيكي وأقول أنا مين

فمتتخضيش

الفصل الثاني

لام شمسية

(خَضار التجربة)

"كل ما لم أستطع نطقه
فاكتفيت بكتابته "

_ أنا كنت خايف أقول ساعتها اتفضلي
روحي مش قد المقام_

فيزيا

1

لو جيتي في أول حصة الترم الثاني
كان عمر المستر جمعه ما يشرح درس الضوء
كان أفتى إن عيونك
هي الليل والنجمه وهي القمرة وهي الشمس
هي النور اللي مخليني أشوف الدرس
ولذلك....... كات قوانيني الثابتة
إن مسافة الكون كله ايديكي
وإن الواجب لو كان ع الحسبه بتاعتي
كانت خطوات الحل عنيكي
وأديكي ظهرتي قلبتي حالات الفيزيا
كات أصعب جداً قبل ما اقابلك
وان الزمن المتغير في السرعة
مش أكتر من دقات قلبك
كان نفسي إجابتي في آخر الترم تكون مظبوطه
لكن يا خساره كتبت (بحبك)

2

لو كنت حضرت في حصة بعد الضهر
كان ممكن مافضلش مركز مع عينك
وافهم كيرشوف
كان ممكن زودني الواحد في الميه
كان بدل العربي اتخصص فيزيا
وهييجي في يوم اشرح كيرشوف
وفيه واحد قاعد مش فاهم
هافهم.. وهقوله تعالى في حصة بعد الضهر

3

لو كنتي ما غبتيش اخر حصة فيزيا
انا كنت اديتك كشكول الحل
كنت اشحت قلمك واكتبلك اني بحبك
واقفل قلبي على الكشكول واقوللك هل
ممكن اكون درس المزيكا؟
او شجره تحبي عشانها الضل!
هل ينفع يعني اكون شارع
ونهايته تودي لباب اوضتك
لو كنتي ما غبتيش اخر حصة فيزيا
كان ممكن اكون باكتبلك مش بكتب عنك

المسافة

مش بعيدة
إني أشوفك مرة تانية
واقفة في محطة إيتاي
أو زكي يلمح صحابك
ف يشاوشني يقولي جاي
ف اتعدل واظبط هدومي
في انتظار طلّة سيادتك
وأقول دي فرحة
مدام بتيجي مأخرة
وأكيد هتقطع تذكرة
ف استنى بين الشباكين
وأنا قلبي ناي مستني مطلع أغنية
ف يعدي وقت عليا أصعب
من مسائل درس فيزيا
ثم تيجي ع المحطة تعدي فيا
تفسدي كل اللي قبلك

تضحكي على نكتة مثلاً أقول
بتضحك ليا أنا
وأبقى نفسي القطر يتأخر سنة
وأكمل تأمل في تفاصيلك
وأقول استني لما أشبع

مش بعيدة

إني أركب جنب منك في المربع

واشتري شيكولاتة مثلاً واعزمك

تقوليلي شكراً

ف أحلف عليكي بالعشم مسْموش كلام

واقولك اسمي بالكامل واسألك

تحبي تسمعي لأنغام؟

وأقولك رايحة فين أو ليه

وعاملة إزاي مع الأيام

هنتكلم

لغرضٍ ما مانيش عارفه

وهدفه إن إحنا نتكلم

كلام بنداري جوه منه كلام

وسلام

وحيرة

ولهفة أطول من قضيب القطر
فـ تتلخص حلاوة العمر
في سندة خدي ع الشباك
وسندة قلبي يوم ع النور
وأقول الدنيا دي هتدور
ونتقابل
سلام دلوقت
عشان نازل دمنهور

معديَّة

سيبي كل الكون مكانه

لو نزلتي تمشّي حبّة

ركزي في السكة وأنتِ

هتشوفيني بسيب محبة

وابقي طلّي مكان ما بقعد

ارمي حتى سلام عليّ

امشي هادية

وأنتِ بتعدي في عنيا

بصّي ع المساكين في شارعك

غطّي ليلهم لو بشعرك

واللي خلخالك سايبهم كفرانين

علميهم

يدعوا حتى إزاي في شرعك

علميني
ضحكة ولّا
نسكافيه بيحلّي خدك
بصّي ع الورد اللي ندّي
فوق طريقك لمّا يمشي
زي ما رجلك تعلّم في الترابة
كل خطوة من عيونك
ماشية بتعلم في قلبي
وأنتِ لما هتقتليني
راح يقولوا مفترية؟!
حسّي بيا وسلِّمي
بس عدّي بكل رقة وكمّلي
باقي شارعك

برة اللعبة

لقيت أسماء

بتدّي الضحكة ل محمد

مبتخافشي

لحد يروح يبلغ أمها الغولة

ويتعارك

في دور القطر

عشان هي تكون أولة

محمد أقنع القمرة تقول خلاويص

وحط الحب من ايده

في راس أسماء بحلّولة

براقبهم
بدهشة وهما بيغموا عيال الحي
وساند إيدي فوق السور
وإيد ع الحظ والحرمان
وبتخيل
مكنش يجوز نكونو جيران!؟
ونلعب زيهم ألوان!؟
أقول خلاويص
فتداري في قلبي عشان
مفيش في الدنيا ليكي مكان
وتاخدي الضحكة من إيدي
فتبقى فيونكة في الفستان
وفي البلكونة عم فلان
يشوفنا واحنا بنغمي عيال الحي
فيتخيل حبيبته زمان
يقول برضه
مكنش يجوز نكونوا جيران!؟

البرندة

شكل البرندة

كان جميل يومها

والناس جيرانا مدلعين البيت

ففضولي خدني لحد ما بصيت

وفضلت باصص عمر ما مليت

بصِّت عيوني ع العجيب فلقيت

الحلو واقف

شاغل الملكوت

سميت في سري بعدها صليت

ميّلت ع السرحان

مالت

فوجعتني

أنا قلت يا للعجب

أنا قلت يا للصدف

أنا قلت يا وياريتها سمعتني

وجريت ما بين اللهفة
والحيرة
وسألت عنها حد م الجيرة
طلعت قريبتهم
على قد ما حبيت
الوقفة من عندي وحبيتهم
حسيت بإن البيت مهوش مرتاح
كان نفسه يتصاحب على بيتهم
كان نفسي أخبط ع الجيران
ميمشوهاش
كان أولى يعني من كسور خاطري
العمر مش مضمون يروح بدري
شوقي مراهنة قصاد مناسبة عندهم
وهتيجي إمته ويبتدي عمري
وعباال ما تيجي
سايب عنيا وروحي ع السلم

الفصل الثالث

أي ابتلاء أخضر

(الخَضار قصاد اللون الأصفر)

تفاح

بدوّر ياما في الجنة
مانيش لاقي غير التفاح
ومش عارف
ماكلشي من أنهي تفاحة
مانيش خايف نزول الأرض
بخاف اتعرى عند الناس
يارب جعان
وأنا أضعف من الوسواس
يارب الذنب ميكونشي
في إني أكلت
يارب الشهوة ما تشوفني
ببص عليه
شيطاني يقول
ما سبنا الجنة من بدري
ف مش عاوز تجرب ليه
بقوله حرام وهتعرى
أنا معرفش أدوق حاجة
وزايدة عن جيوبي جنيه

فلاح

أنا فلاح وبتباها
بروّي عنيا قبل الأرض وأملاها
وبزرع عصر حتى العصر لو عدّي
وبقطف ضحكة من شجرة وبتغدّي
وأحب اللهجه في لساني كما اللدغه
وأحب اللدغة في كلامي عشان إسراء
وأحب الطينه فوق كفي تكون خضرا
وأحب الخُضرا تبقى عيون عشان سلمى
وحُب القطن في قلوبنا عشان لونها
ومزعلتش على آيه
عشان الأصل قال صونها
أنا مزعلش غير على أرض عطشانة
زمن قاطم غصونها
أنا فلاح
مقولش في شهر تسعه الجاي
بقول
خليها بعد جمع القطن
أنا فلاح ولو أحزن

تاخدني القيالات بالحضن
أنا زرعه في حضن نسيم
مفيش نسمه تحب الحزن
وأحب السهرة ع القمرة
مش النور اللي في الفتارين
ولا رجلي تسيب الطين
وتمشي تجرب الأسفلت
أنا حابّك
وحابب يوم ما باقابلك
وحابب دنيتي قبلك
في قلبي قد ما ف قلبك
لكني مسبش يوم شمسي
ولو قلبي كمان قالك
ودي حالتي
ومبيجمعش شيء بيننا سوى تسعة
وبرج الجدي
فلو راضية بعبايتي الصوف
هقولك حي
واقولك جاي
واجيلك جري

مش

يعيش ع المش
ومش رايح
ومش شاري
وميهمش
يعيش ما يعشش
يهش الزعلة من وشه
بقلبه الهش
فقير لكن
يحب العش والعشة
يشوف الرمش يرتاحله
يشوف القرش يتكرمش
يشاور من بعيد للناس
ومبينشفش
يغرق نفسه في الأوجاع
ومبينشفش
يمشي عشان ميتهمشش

يزيد همه

وقلبه يكش

يخش ينام

يغيب ميناmش

ملوش في العيش

وياكل نص ما في نفسه

بييجي يجرب المشمش

فيطلع مش

الجزورينة

لو مجازاً

راح أقولك

اللي مانع عيني عنك جزورينة

وإني بطله فوق سطوحنا عشان تباني

لو مجازاً

راح أقول العيب في عيني

المسافة بعيدة جداً

رغم أصلا اللي بينك واللي بيني

جزورينة

والحقيقة

اللي واقف بينا مهرك

ومش قادر أعديهلك

فلو عاوزة

ألفّ الكون كده بالعكس

أجيلك واحضنك من ضهرك

وأنا ممكن أسابق نخل بيتكم في الوقوف

وأقول لابوكي ازرعني ورا شباك أوضتها

واراهنكم على قهري

عسى الله الشمس لو حامية
أجيبها في يوم ورا ضَهري
وأشيل ضُهرك على ضُهري
عشان تقفيلي في الشباك
واقف لك
في اتجاه داري
وتختاري
يا إما هعيش كده علطول
يا إما هموت وأنا راضي
وسايب عيني تندهلك
وعامل عركة جوه البيت على شجرة
وبقطع نفسي مع والدي عشان منقطعهاش
بقولهاله (أنا إيدي على قدي)
وأقولهالك (أنا إيدي على قدي)
عشان لو خفت أقول حابك
هبعّد حجتي خالص على أهلك
هقول إن اللي واقف بينا أصلا
جزورينة

الحادثة

مبحلمشي
أطير م الفرحة
بسيب التمر ع النخلة
مجربتش وقوع السطح
مفكرتش أنط السور
بخاف م الوقعة رغم إني
مجربتش أقع مرة وأقوم مكسور

مفيش عاقل يحارب موج
ماعومتش ضد
ملاعبتش حبابي المياه لو عطشان
بخاف أتبل
بخاف ل فمرة أموت غرقان

ما عشتش بالخيال في الحب

ولا جربته من نظرة

مع واحدة تخليني

أسيب القلب في عنيها

ولو حابك لحد الموت

وإما تطلع الكلمة يا إما الروح ؟

هخبيها

ما جايز تبقى دي الحادثة

واروح فيها

تغيير

هفتح في روحي الشمس
وهبدأ أنفض الأيام
وهمسح ع اللي فارقوني
تراب الغربة لو بسلام
هدوّر ع اللي ضاع منّي
واشيله في حضني قبل ما أنام
وأشعل للشريعي حاجات
وهعمل ركن للأحلام
واشيل دبلتها من صابعي
وهعمل شئ في غير طابعي
هنقص سكّري في الشاي
وأقول مثلاً بأنه تمام
وهكنس تحت السنين
وأشد العنكبوت بالهم
وهعمل من الكراكيب فصيلة الدم
يجوز أهتم بالكورة
برغم إني لاقي أهم

هحب الناس
وهسمع كدبهم وأرميه
عشان هكدب في أي كلام
لا عمر الناس تكون قبلة
ولا هقبل يكونلي إمام
هفتح في روحي الشمس
وهبدأ أنفض الأيام
وهمسح ع اللي فارقوني
تراب الغربة لو بسلام
واقف من برة واتفرج
وأقول يا سلام!

الفصل الرابع
ما قبل النهاية

مش مواساة

مش فارقة كتير والله يا عبدالله
السنة من دول زي التسعة
وإن كنت مقسم فيهم حبك
ف أنا كبّيته
شوف
أنا بمشي وسايب طوب الأرض في حاله
علشان ملاقيش اللي يحدّف بيته
وأنا بيتي اتهد يا عبدالله
من طوبة إنسان حبيته

قاعدين دلوقتي نصبّر بعض على الخذلان
أسدين واتهزموا من الغزلان
كتر الأحزان
يا تخلي القلب يموت يا يخاف
مين يشكي لمين كسرة روحه
والواحد بقى متاكل حاف
كان نفسي أقولك كلمة ترد الروح
بس أنا مش عندي كلام بيطبطب ع الأكتاف

خيط المواساة مش بيلم
في جراح مفتوحة بإيد باردة
الفرع إن مال والله يا صاحبي
يتشال العلِّيق بالوردة
واهو بكره هنزرع غيرهم
وهنعمل بجراحنا فازات
واهي نفس اللفة ونفس الكوبليه
اللي بيتعاد في الأغنية
ونقابل ناس
هتشبك إيدها نشوف الدنيا
ناس نعرف نتكلم وياهم في الجاي
ونقول الشر اللي طفحناه
علشان نستطعم طعم الخير
ويا عالم نقعد نفس القعدة
والاقيك بتقول
مش فارقة كتير

(إهداء إلى صديقي الشاعر عبدالله العكازي)

شكراً

وشكراً
ع الفراق السهل
و ع الحضن اللي في الآخر
وكلمة مطيّبة الخاطر
وسبتيني
بكل جميل في تربيتك
وكل أصول دخل بيتك
وسبتيلي
حداشر شهر من ريحتك
وأنا سيبتك
وطمنتك
وفرحانلك
قصاد الحب ميت مرة
كفاية إن أنتِ مبسوطة
منيش لايمك
على قولة أنا نايبك
وعمري ما كنتلك نايب
فبعتيني عشان أخضر

ودورتي على الطايب
منيش زعلان
كفاية إنك مليتي العين ولو حبة
مشيتي وأنتي بتحبيه
ومتحبه
مشيتي وسبتي ليا حمول
وقلبي ما اشتكاش منك
ما كنتي معايا بعملك
هوا تميلي
ولا اتمنيت سوى إنك تدوميلي
وكنت ببات على وجعك
ولما يخف وجعي يخف
واشيل حملك لغيت ما يخف
يدوب شفتي البلل فيا
قصاد إن اللي فيكي يجف
حدفتي في حضني شتوية
محطيتش احتمال لغياب
فضلت أبرد واعدي اليوم
واسيبك في احتمالي الجاي
مخلصنيش أقول بعِدت

فبعملك لسه مناب في الشاي
وأقول جاية دي نسياية
أنا أصلا كمان نساي
مفكرتش في يوم مثلاً
هقول ليا زمانك فين
لكنّ يا ست أنا مسامحك
بلا مناهدة من الطرفين
ولا عتاب إننا حالفين
نكمل في الطريق اتنين
بتحصل

وآخر حاجة أقولها لك
أنا حبيت
وشاكر كل أوقاتك الحلوة
وبابي زي ما هوه

أنا ردّه بفتحة عين
فلو جيتي أنا جوه
ووحدي زي ما عارفة
ولو مجاتيش
هكمل دعوتي ليكي
تعيشي جميلة تتحبي
تلاقيه السند والأهل
وشكراً ع الفراق السهل

موف اون

صلاة الفجر
وست سنين
وموت اتنين من أصحابي
وصدمة مجاتش في حسابي
جراحة عملتها في ثانوي
بقيت مقبلش شكل الدم
حاجات في الدنيا كانت وهم
وجلدي اتشال كذا مرة
وأكلي من غموس الدنيا بالمرة
مشيت عمري وأنا فايق
برغم إن الزمن خمرة
وكام واحدة لحد الآن
حكيت وياها عن عيلتي
وعن هدفي
وعن أنغام
معاد دكتور نسيته عشان
مانيش فاكر نسيته إزاي

وصعبة الدنيا على واحد
عشان مفَهَمش
بنام زعلان
ساعات مبنمش
لقيت الدنيا دي تافهة
ولو حبيتها أبقى أعمى
عشان كل الحاجات ديَّة
منستنيش عيون سلمى

قصائر

1

بهدوء ببيع الدنيا لَجْل الهوا
وخدتك م السنين أجري
معاكي بتحول لعصرية وهوا
وعيل أخبط ع الجيران وأجري

2

طلعتي إزاي
صحيتي قلبي في أحلى نومة
خطفتيني بلمسة إيد
كإنك عيد
كأنك صبح مش ناوي
يروح بالشمس تاني بعيد
خبطتي في كتف كام صدفة
عشان تشوفيني متكركب
وتلقي قلبي متصلّب
ف تيجي وتحضنيه بشويش
يا أول بنت في خدودها
شروق الشمس مابيمشيش

3

شاعر

مفارق

وفاضي

هربان وواخد وحدتي بالحضن

ومفيش في جيبي إلا حق الحزن

والشعر طب بديل

عن واحدة سابت قلبي وسط البن

فبقيت في كل ما بفتكرها اسهر

فاسهر وبكتب عن حنينها أكتر

والاقيني بكتب عن فراقها بحن

4

إلي الطفلة اللي ضحكتها
تنبت روح في قلب الحيط
يا عاملة من كفوفك بيت
ولابسة من جمالك توب
يا أول بنت أشوفها نصيب
وأول حب بعد الصبر
وأول حرف مش مكتوب
كأن أنتِ نعيم القبر
وأنا قبلك ما ليا ذنوب
عيونك قبلتي ف إزاي
هسيبني في شمس غير شمسك
وأنتِ الغروب
كل اللي لسه بيكفروا
إن أنت راحة أغبيا
أنت الفروض الناقصة جوه دين العاشقين
وأنا أول الأنبيا

5

خبطة

في كسر

في شل

مبقولش عايزك أو معاكي الحل

ولا عمري شفت البنت في العكاز

أنا قلت أيه يتعاز

في السكة غير الضِل

كل اللي فاتوا مجاز

متشبهين بالخِل

أو مرضى نفسيين

بيعالجوا روحهم عن طريق الضل

مبقتش بدعي للطريق الصح

قد أما بدعي بالشفا للرجل

6

سلمى

وأنا آسف قوي في القول

ماهو بعد الست سنين

لو ينفع أقول سلمايا هقول

أنا عايز أجيلك أقولك عامل أي

واسمع منك طول الست سنين

اليوم باليوم

7

مبحسبشي

هشوفها إزاي

وهعمل إيه

واخطي عيونها لو مرت في كام كوبليه

وبسأل ليه

ماعيشّي زي باقي الخلق

واصالح نفسي على فكرة

خلاص مشيت

فقول صدقت

وبسأل نفسي عن أسباب

وجودها لحد هذا الوقت

وجودها في كل شيء جنبي

دي عارفه ازاي تضخ الدم من قلبي

ومش عارف أموت لسه أموت بفقر الدم

8

وعارف إني دلوقتي
بروّي في زرعتين شايخين
ولحفي البور مهيخضرش من نعناع على لحفك
وعارف حتى إن الشمس لو طلعت مهيش ليا
وعارف إني مليش ولا سهرة مع القمرة
ولا بيقصر في عيني الليل ف امدة يادوب بأغنية
وعايش دور مهوش دوري
تلف الساقية من حيلي واقول دُوري
يجوز تلقف
وهبقي طلعتلي بنظرة
تفرحني قبل يوم الدين

الفهرس